Mente Subtitulada

PARA CUANDO LA IMAGINACIÓN NECESITA SUBTÍTULOS

Mente Subtitulada

PARA CUANDO LA IMAGINACIÓN NECESITA SUBTÍTULOS

PEDRO MORALES ALMAZÁN

2017

Por y para vos,

Índice general

Prefacio

Este libro contiene una selecta compilación de escritos que he realizado desde el año 2011 y que he publicado en el blog del mismo nombre. Reune distintas épocas y episodios, con una mezcla de vivencias, anécdotas, fantasías, y realidades alternas.

Estos *subtítulos* de la mente buscan traducir a palabras, ideas y sentimientos, imaginación y recuerdos, pasados y futuros, poemas y cuentos; para intentar describir con un lenguaje finito y discreto, una realidad infinita y continua que ocurre dentro del ser.

Se compone de un total de diez cuentos cortos y 39 poemas, organizados en cuatro movimientos. El orden viene dictado más o menos de acuerdo a la temática abordada, y hace referencia al título de cada movimiento. No sigue un orden cronológico ni anecdótico, sino más bien, un order semántico, y quizás, un poco fortuito.

El autor,
Austin, TX

Andante con motto

adj., adv.
Primera parte de una composición. Lento, pero con matices; suave, ligero.

Luna

–¡Qué linda está esta noche!–

–¿Quién? ¿La luna?–

–Sí. Siempre me ha gustado mucho. No sé, como que me hipnotiza.–

–¿Hipnotiza? ¿Y por qué te gusta tanto?–

–Bueno, hay dos respuestas a eso: una larga y lógica, y otra corta y sin sentido.–

–¿Cómo está eso? ¿Cuál es la larga?–

–Verás: si lo pienso así, tiene mucho sentido. Ella está lejos, muy lejos de mí, a varios miles de kilómetros, sin embargo, se ve tan cerca, tan palpable, que casi siento que puedo tocarla. Además, no está allí siempre. Solo se deja ver cada cierto tiempo. Es un evento raro e inalcanzable.–

–¿Me estás diciendo que te gusta porque es algo imposible de tener? ¿Algo raro de ver?–

–Sí y no. Bueno, quién sabe. También puede ser que es diferente a todo lo demás, que es única. Sobresale dentro de todo lo demás.–

–¿Entonces, es porque es única?–

–Quizás. Quién sabe. Además, otra de las cosas que puede influir es que hace tiempo yo pensaba que podía tenerla, que podía alcanzarla, y después, me di cuenta de que era imposible. Creo que eso se quedó grabado dentro de mí.–

–¿O sea que también es un poco de frustración?–

–Puede ser. Un poco tal vez. Quién sabe. Al fin de cuentas, puedo darle mil explicaciones al asunto.–

–¿Y la respuesta corta?–

–Esa es fácil. Me gusta porque sí.–

–¿Pero no te parece que esa respuesta no tiene sentido?–

–Exactamente. No tiene el más mínimo sentido. Por eso es la que pesa más. Verás: las explicaciones, las razones, las justificaciones, son todas solamente excusas. Las razones son solamente un disfraz humano para los sentimientos. Yo solo sé lo que siento. Solo sé lo que me pasa. Que cuando la veo, no puedo dejar de mirarla. Que

me pongo ansioso, esperando a que vuelva a salir. Que me parece estupenda. Lo demás son puras especulaciones.–

–¿Especulaciones?–

–Sí. La verdad no sé porqué me gusta. Y para serte sincero, no me interesa. Solo sé que lo siento y que lo vivo. Sé que puedo justificarlo, pero el hacerlo o no, en nada cambiaría mi estado. Así que solo lo disfruto. Solo aprovecho cada vez que puedo verla, y la contemplo. Me pierdo en su brillo, en la tranquilidad de la noche. Olvido que está lejana, que mañana se irá, que no la puedo tocar. Solamente la miro, y dejo al reloj parar.–

Razones

¿Razón?
Tengo miles de razones,
sin embargo,
tú me pedís solo una.

¿Qué tal una pintura?
Con pequeños destellos nocturnos,
con un ánima deambulante,
merodeante,
vigilante,
inalcansable,
un cuadro en blanco y negro,
que nos visita a diario,
en el museo de las alturas.

¿Quizás aquellas planicies?
Dónde se une lo terrenal y lo celestial,
el sonido del viento,
la música de su silencio,
el baile inerte,
tan dinámico,
y al mismo tiempo tan quieto,
tan sereno,
en paz.

¿Tal vez ese segundo?
En que me enseñaste a deterner el tiempo,
cuándo se dibujaba tu silueta entre la gente,
y de repente,
asaltaste al reloj,
amordazándolo y matándolo a sangre fría,
para luego borrarte entre la muchedumbre,
dejando mi alma vacía,
y despertarme de ese delirio pasajero.

¿Acaso esa simpleza?
Con la que hacés que todo esté bien,
que sea bien,
y que con un par de palabras,
desencadenás una historia completa para dos,
una sinfonía de sueños,
sin esclavos ni dueños,
una trama furtiva,
que inicia y termina en tí.

¿Posiblemente ese narcótico?
Que me invade cuando asaltas mi mente,
cuándo sorpresivamente,
te posás allí,
anidando los anhelos,
cosechando sueños,
acelerando la segundera,
apasiguando la carrera,
de la cual quisiera no conocer ganador.

¿Querés razones?
Solamente te puedo dar una razón,
y es que mi verdadera razón es simple y llana,
no es profunda ni complicada,
no es grande ni glamorosa,
no es poética ni de color rosa,
mi más sincera razón,
si es que aún quedan dudas,
es que simplemente,
no tengo razón alguna.

Si

Que me pierdo en tus ojos,
que me hundo en tu mirada,
que esa caminata iluminada,
tan solo por la luz de la luna,
me ha mantenido en duda,

Que te alucino a diario,
que te diviso en mi camino,
en cada figura femenina que miro,
en cada foto,
en cada cuadro,
que veo tu sombra detrás de cada árbol,

Que por las noches,
dentro de la oscuridad fría y vacía,
sin desearlo ni forzarlo,
espontáneamente se dibuja tu rostro,
enfrente mía,
sin motivo ni razón,
sin propósito,

Que cuando te veo,
se atascan las palabras y se oye mi silencio,
y tan solo me quedo,
mudo,
atónito,
perplejo,
inmóvil y huraño,
esperando decirte un simple "te extraño."

Sí,
todo eso te diría,
si te conociera.

Tan solo

Luna,
sos como la luna,
tan perfecta y distante,
tan brillante y tan radiante,
hipnotizante,
sonriente nocturna,
delirio pasajero,
ternura y locura,
que en tus noches de plenitud,
iluminás todo el espacio,
y despacio,
te alejás despacio,
y dejás todo en tinieblas,
oscuro,
vano y profano,
y oscuro,
inerte,
que con tus ojos de frente,
proyectás lo más puro y sincero,
inadvertida,
indiferente,
si tan solo supieras que te espero,
que siempre estoy presente,
puntual como cada noche,
espectante,
contemplante,
si tan solo supieras que siempre te veo,
si tan solo supieras,
dejaría de estarlo,
sí, tan solo.

Tenerte

La suave brisa que llena el espacio,
azul mar y azul cielo,
despacio,
un delicado pincelazo albo se asoma con recelo,
inmóvil,
catatónico,
un pensamiento un poco senil y un poco irónico,
¿búsqueda por ausencia,
ó ausencia por búsqueda?

El color de tu presencia,
el sonido que aún queda,
el aroma es tu escencia,
el suave toque que ya no era.

Blanco, verde, y azul,
nubes, hojas, y olas,
un recuerdo vestido de tul,
el implacable pasar de las horas.

Contemplando la soledad se vuelve acompañada,
contemplandola pasar se vuelve olvidada,
vuelve el olvido al ser acompañado,
vuelve contigo el deseo olvidado.

Solitaria ausencia es estar acompañado,
acompañada presencia es vivir enajenado,
vivir en compañía es un suicidio inerte,
y la soledad,
es simplemente el no tenerte.

Laberinto

Como sol sin luz,
como mar sin azul,
como playa sin brisa,
como tiempo que va deprisa,
como estando sin estar,
mirando sin respirar.

El agua que siempre cae,
iluminando el ambiente,
atiborrando el espacio
aclarandose despacio.

El ser se vuelve nada más,
y estando se disipa el ser,
estando en todo lo demás,
siendo nada sin siquiera ser.

Caminando entre las veredas,
entre las calles de este laberinto,
jugando a resolver los dilemas,
eternizando los rincones del recinto.

Tan distante y tan reciente,
que se transforma en una letanía,
en el espacio incipiente,
en la lejanía.

Desolado en el tiempo,
se refleja el pasado,
sin dirección ni sentimiento,
sin razón ni cayado.

Un laberinto sin paredes,
un escaparate sin papeles,

tratando de encontrar la salida,
recorriendo la herida.

Para poder sanar,
para escapar del laberinto,
para huir de su recinto,
y así dejar de tan solo estar.

Cabello Lacio

¿Por qué te busco como un refugio a la monotonía,
    si ni siquiera alcanzo a tener el roce de tu mano,
si mi mente no te logra retratar todavía,
    por qué la urgencia de decir que te extraño?

Inmerso en un mundo de fantasías,
    me encuentro con mil desilusiones,
quimera de noche y prófuga de día,
    y tu acechante reflejo en todos los rincones.

Musa utópica y adictiva,
    mezcla armoniosa y sedante,
canción pausada, estrepitosa, y fugitiva,
    asesina a sangre fría de cualquier instante.

¿Qué destino posee esta travesía,
    si estoy perdido en tiempo y espacio,
si el único requisito para terminar mi utopía,
    es que sea mio tu cabello lacio?

Respirar

Recordar la piel,
    recordar el instinto infiel,
¿el amor sabe a miel?
    quizás,
quizás el dolor sabe a hiel.

Nuevas pinturas,
    nuevas vestiduras,
¿tan poco es lo que el amor dura?
    quizás,
quizá tan solo es una armadura.

Olvidar el camino,
    olvidar el destino,
¿será que el amor ya vino?
    quizás,
quizás al final no es nada divino.

Viejas canciones,
    viejas ilusiones,
¿el amor es más que emociones?
    quizás,
quizá se alimenta de decisiones.

Lenta se va la vida,
    rápida es la partida,
¿acaso tus ojos son la salida?
    quizás,
quizá solo hace falta respirar.

Ir*

Escribir,
describir,
definir,
sentir.
Inhibir,
deshinibir,
mentir,
reir.
Seguir,
construir,
coincidir,
sonreír.
Descubrir,
salir,
ir,
y venir.

Armonía

La ironía,
    buscar debajo de cada roca,
de cada piedra,
    buscar infatigable la pieza,
que nunca se va a encontrar.

La paranóia,
    indagar en cada rostro,
en cada mirada,
    preguntarse si es la indicada,
que hará la búsqueda aplacar.

La incertidumbre,
    analizar cada aspecto,
cada trazo,
    buscar la magia en el ocaso,
que no se puede forzar.

La memoria,
    fracasar en cada hallazgo,
en cada intento,
    perderse del ansiado complemento,
que el alma pueda llenar.

Solo en la soledad se puede buscar compañía,
    solo en la oscuridad se puede verla llegar,
tan solo en la noche se puede esperar al día,
    tan solo en mis ojos te puedo observar.

Hallar en el alma la propia armonía,
    hallarla consigo y hacerla cantar,
hallar el silencio en la casa vacía,
    hallar los oídos y poderte escuchar.

La ironía,
    la paranoia,
la incertidumbre,
    la memoria.

Tan solo encontrándome te puedo hallar,
    tan solo hallándome,
te puedo buscar.

La fantasía,
    la euforia,
la mansedumbre,
    la gloria.

Hallarte significa poderme escuchar,
    hallarte es,
que me pueda observar.

Encontrar mi voz en tu mirar,
    encontrar mis ojos,
cuando empieces a hablar.

Veinte años

Llegás tarde, veinte años tarde. Fue en esta misma banca que te vi por última vez, hace ya veinte años. Te invité a un café y nos sentamos acá, a platicar de la vida y sus recovecos, de tus ilusiones y mis cuentos, de tus futuros planes y mis viejos recuerdos. Fue hace viente años ya que vi por última vez tus grandes ojos café, llenos de sueños e inquietudes, con ese destello que se fundía con tu suave voz. Hace veinte años ya que vi mi reflejo en tus pupilas, con mis ganas y mis emociones, con ese silencio que con tu mirada se desvanecía.

Desde hace viente años que vengo cada tarde a esta banca. En cada atardecer te busco, entre el celaje que se dibuja en la lontananza, entre el cielo y la tierra, entre la gente y el tiempo. Todos los días a las cinco de la tarde me posaba acá, en este mismo lugar, esperando a que regresaras. Algunas veces algún caminante furtivo se detenía a hacerme compañía. Me ayudaba a matar los minutos de las horas, y con oídos curiosos, me hacía redibujar tu rostro, con tonos pretéritos y pincelazos lentos, como retratándote con el silencio, como invocándote con mis pensamientos.

Fueron veinte años de espera, cuestionándome a diario el porqué de tu inadvertida partida. Imaginándome mil razones para la ausencia de tu risa y tu suave perfume, de tu cabello y tus ilusiones. Veinte años de verte venir con cada caída del sol, inventándote en mis recuerdos, acariciándote en mis ilusiones, y viéndote partir con los ojos abiertos.

Han sucedido muchas cosas en todo este tiempo, he aprendido mucho, me he vuelto viejo. He conocido mucha gente y he aprendido de ellos, de sus historias, de sus recuerdos, de sus anécdotas de mejores tiempos. He visto cómo el recuerdo vive en sus pechos, como viven y mueren por lo que llevan dentro, como reflejan lo qué yo mismo siento.

Hace veinte años que acá mismo te espero, en esta misma banca, en este mismo recuerdo. Llegás tarde, veinte años tarde, y hoy como de costumbre, tampoco llegaste. Tendré que seguir dibujándote en el silencio de mi compañía, entre las cinco y las seis, con una taza de café, en esta banca vacía, como siempre lo he hecho desde el día de tu partida, desde aquella vez que vi por última vez tu sonrisa, que para mí fue hace veinte años, aunque el calendario diga que tan solo fue ayer.

Romanza

s.

Segunda parte de una composición. Movimiento de carácter suave, lírico o personal; íntimo y tierno.

Cinco minutos

Aquella era una cálida tarde de primavera. Quizás eran al rededor de las tres o cuatro de la tarde. Una suave brisa mitigaba el ya presente calor que indicaba la venida de un verano tempranero. El cielo estaba despejado y mostraba un color celeste profundo, liso y parejo, que daba una sensación de libertad y amplitud. La gente caminaba entre la sombra de los pocos arboles esparcidos meticulosamente entre las flores y arbustos del parque. Otros escapaban de la rutina diaria con sus manteles y cestas de comida, entre juegos de pelota y el correteo de los perros. Unos cuantos más se perdían del paisaje en sus hamacas multicolores y libros de cuentos y poesía.

A un costado de los rosales, venían caminando un par de muchachos. Él parecía contemplar cada minúsculo detalle de la escena: el cantar de los pájaros, el correteo de las ardillas, el ondular de su cabello al viento. Mientras tanto, ella parecía serena e indiferente, como enfocada en su relato, e inmersa del todo en la conversación.

Debieron apenas haber llegado a los veintes, siendo ella tal vez un par de años más joven. La profundidad de su mirada soñadora lograba provocar que, cuando ella le hablaba, él cayera en un cierto estado de animación suspendida, y se perdiera en el resplandor de su sonrisa. Ella, por su cuenta, no estaba completamente segura de lo que pasaba. No sabía si era que admiraba la pasión con la que él hablaba de todo lo que hacía, o si simplemente era el brillo presente en sus ojos, como evocando un pasado mutuo del que ninguno se recordaba.

En un descuido momentáneo de ella, él se reclinó rápidamente para cortar una rosa. Eran rosales muy bien cuidados, de medio metro de alto, color rosa, con la orilla roja, y con un pincelazo blanco en el medio de cada pétalo. Al instante de cortarla, se le helaron los músculos de la mano y la retrajo como habiendo sentido un impulso eléctrico, como causado por un reflejo condicionado. Un reflejo que le hacía disentir con la cabeza, y al mismo tiempo, que le hacía bajar la mirada, quizá como recordando algo, o tal vez, como no queriendo recordarlo.

Tan solo un momento antes de concluir este episodio, ella volteó la

mirada hacia él y con voz dubitativa e inocente le preguntó:
–*¿qué ibas a hacer?–*

Después de una breve exhalación y un esbozo de sonrisa confor-mista, él contestó:
–*nada... nada–* como tratando de convencerse a él mismo de aquella escueta respuesta.

–*pero... ¿por qué te detuviste?–* replicó ella como sabiendo lo que él había intentado hacer.

–*igual, decime, ¿de qué serviría?–* le contestó mientras reanudaba la marcha y la dejaba ligeramente atrás.

–*¿por qué dices eso?–* insistió ella como haciéndose la desentendida. Él volteó y la vió a los ojos como nunca antes nadie lo había hecho. Ella se sintió paralizada por un momento. Había logrado tocar un punto muy resguardado, y ahora, estaba a la espera de una reacción acumulada, resguardada durante varios meses, esperando la menor excusa para poder ser liberada.

–*Tu ya sabés porque lo digo, si es que '¿por qué?' es la pregunta adecuada.–*

Ella guardó un silencio sepulcral, como habiendo recibido un golpe certero y habiendo quedado a la deriva, sin armas de contraataque. Una ráfaga de viento rompió el silencio creado entre ambos, mientras unas hojas secas se hacían camino entre ellos.

–*Que bueno verte, espero que estés bien y cuidate mucho por favor–* le dijo él y se despidió dándole un beso en la mejilla. Ella no logró mas que esbozar un diminuto *adiós* mientras lo veía alejarse.
Es increíble lo que puede pasar en cinco minutos y en cinco minutos nada mas.

Quizás

Hoy,
palabra sencilla,
corta,
simple,
fugaz,
casi eterna,
pero en un momento,
el hoy se convierte en el ayer,
y el ayer,
ya es solo un recuerdo.

No recuerdo si fue ayer,
o hace diez años,
solo sé que no es hoy,
y que el tiempo que no fue,
no será,
es porqué el tiempo tan solo es,
tan solo está,
debe ser que el tiempo es como el amor,
que no puede definirse,
tan solo puede sentirse.

Quizá fue hace diez años,
o quizá fue ayer,
no lo sé,
lo único que sé es que es un recuerdo,
o quizá lo será,
quizás,
mañana lo sabré.

A mi lado

No te alejes de aquí,
   no te ausentes como siempre,
no te alejes de mí,
   no huyas de repente,
no me dejes aquí,
   con mi alma penitente,
no te apartes de mí,
   no termines el presente.

Deja que el mundo se desvanezca,
deja que todo lo de afuera perezca,
deja todo lo importante,
   que lo importante,
dejó de importarme desde que apareciste tú.

Deja el futuro y el pasado,
deja descansar al tiempo que está cansado,
déjalo por un instante,
   que por un instante,
llenarías todo mi tiempo y mi espacio.

Déjame aferrarme a tu espalda,
   déjame aferrarme a tu alma,
aunque sea un momento,
   déjame detener el tiempo,
desaparecer el espacio,
   y contemplarte muy despacio,
fijarme en tus ojos,
   y perderme entre tus labios rojos.

Olvida lo que fue y lo que será,
olvida lo que vino y lo que vendrá,
estaciónate en este momento,

quítale lo efímero al alma y al cuerpo,
y has de este instante algo eterno.

Ponle pasado a mis recuerdos,
dale inspiración a mis futuros cuentos,
pero quédate por un momento,
has que el tiempo transcurra lento,
y que juntos nos arrulle el viento.

Tan solo déjame soñar despierto,
    tan solo déjame seguirlo siendo,
tan solo déjame seguirte viendo,
    tan solo déjame seguirte queriendo,
y déjame un momento vivir atado,
    a este instante sin futuro ni pasado,
quizás así pueda vivir sin el tiempo aferrado,
    quizás así pueda reír sin el dolor estancado,
quizás pueda invadir tu corazón atrincherado,
    y así finalmente verte despertar a mi lado.

Crónica

Notas en tono púrpura,
silencios agonizantes,
resonantes,
melodía de sincretismo,
que con gran cinismo,
desprecia y murmura.

Aguijones color miel,
eslabones de un pasado infiel,
asesinos de cualquier mínimo suspiro,
precoces verdugos de un futuro contigo.

Palabras fugaces,
silencios rapaces,
retumbando en cada instante,
arrancándote desde antes.

Recuerdos carmesí,
colores al viento,
lamento,
una fuga en escala de mi,
y yo te perdí,
desde aquel día en que te conocí.

Cabús

Tu blusa estampada,
mi taza medio vacía,
la gente que va y viene,
que va,
y que no se detiene.

Mis momentos de silencio,
tus ojos sonriendo,
afuera dicen que es tarde,
pero aquí,
ya se detuvo el tiempo.

Nuestra charla,
nuestras miradas,
nuestra propia versión de la madrugada,
y el tiempo,
se quedó esperando la próxima parada.

¿Cuál será la próxima estación?
¿A dónde irá este vagón?
Yo solo quiero detener el viento,
detenerlo,
para escribir esta canción.

Yo solo quiero detener el tiempo,
detenerlo,
para escribir esta ilusión.

Tu recato y mi guarida,
la tácita cubierta de nuestras heridas,
en el aire se dibuja una flor,
y mi taza,
se ha quedado medio vacía.

¿Cuál será la próxima estación?
¿A dónde irá este vagón?
Yo solo quiero detener el viento,
detenerlo,
para escribir esta canción.

Yo solo quiero detener el tiempo,
detenerlo,
para escribir esta ilusión.

¿Dónde?

Dicen que las letras son el olvido,
    que escribir desahoga el alma,
dicen que el tiempo es el olvido,
    que tarde o temprano regresa la calma.

Que la poesía no necesita abrigo,
    que el pudor vence a las ganas,
dicen que es duro el olvido,
    que tarde o temprano regresa la calma.

Que los golpes se olvidan en el camino,
    que lo único que queda es la palabra dada,
dicen que caminante no hay camino,
    que solo está el camino en el que se andaba.

Que los recuerdos inhiben el olvido,
    que sonoros retumban en el alma,
dicen que en las noches frías proveen abrigo,
    dicen que se alimentan de todas mis ganas.

Las letras y las palabras,
    los sonidos de las ganas,
los gemidos del olvido,
    los desvíos en el camino.

Si tan solo busco abrigo,
    si tan solo encuentro olvido,
¿dónde están mis ganas?
    dónde estás con mi calma.

Absoluto

Diez minutos. Por tan solo diez minutos. Dos mundos distintos, tan extraños, tan distantes, tan inmensamente lejanos. Por solo diez minutos. Eramos tan solo el Yin y el Yang, como la noche al día, como la paz y la anarquía. Tan solo diez minutos.

Como si el ajedrecista supremo nos hubiera colocado como piezas opuestas en la cuadrícula blanqui-negra del destino. Así, así terminamos adyacentes. Por diez minutos. Como el ciego hablándole al sordo, como el cielo tocando al infierno, como el fuego abrazando al hielo. Así, así estuvimos. Por diez minutos.

Por esos azares del camino, por esas bromas de la existencia, por esa explicación vacía, se formó un camino entre las dos caras de la moneda, entre el mar y la tierra, entre lo imposible y lo inevitable, con lo impensable.

Por diez minutos pude ver ese puente en sus ojos, pude acariciar con la mente sus facciones, pude liberar los cerrojos. Por diez minutos pude contemplar mi tierra en sus pupilas de cielo, mi verano en su mirada de invierno, mi lluvia en su desierto, pude ver mi reflejo.

Perderme en su mirada, perderse en mis palabras, pudimos abrazar lo absurdo, cantarle a la nada, pudimos tocar el silencio que define al alma.

Por diez minutos ya nada existía, solo su atención, tan solo su mirada. Por diez minutos tan solo yo existía, por diez minutos ella fue tan solo mia.

Retrospectiva

Recuerdos prestados,
memorias ajenas,
un esbozo de reflejo,
desconocido,
familiar, pero ajeno,
afuera dicen que soy yo,
pero de eso,
de eso ya no me acuerdo.

Recuerdos ajenos,
memorias prestadas,
espectador pasivo
de mi actuar furtivo,
¿es esto lo que dicen que soy?
¿o es que soy lo que dicen que es?

Recuerdos y memorias,
recuerdos que debo recordar
memorias que debo de guardar
pero tan solo eso,
recuerdos,
memorias,
pequeños fragmentos de vida,
pincelazos de alegrías,
sé que debo de recordar,
pero,
¿recuerdo?
¿o tan solo sé que recuerdo?

Memorias y recuerdos,
recuentos,
y al final tan solo soy,
ya no fui,

aun no seré,
tan solo soy,
tan solo estoy.

Hablar contigo

Hoy quise hablar contigo,
quise detener el tiempo
y tan solo hablar contigo.

Pararme entre la gente,
mirarte a los ojos,
y hablar contigo.

Quizá solamente no se pudo,
quizá todo paso tan de repente,
quizá no lo haya querido el destino,
quizá fue culpa de la suerte,
al final no apareciste en mi camino,
pero hoy quise hablar contigo

Y decirte de mi suerte,
de mi pasado y mi presente,
de mi mundo y mi gente,
y de mis sueños recurrentes,
de tu sonrisa y tu pelo largo,
de tus ojos color café encanto,
de tu piel y tu cintura,
y de tus besos de ternura.

Hoy quise hablar contigo,
poder verte en la calle,
hablarte aunque sea como amigo,
sin pretender el más mínimo detalle,
simplemente hablar contigo,
y tener excusa para oír tu voz,
darte vida en mi soñar fugitivo,
y darle un par de balazos a la razón,
quise por un instante sentirme vivo,
jugarle la vuelta a la situación,

pero al final no pude hablar contigo,
aunque no lo entienda mi corazón.

Siento*

Miedo,
    al futuro o al pasado venidero,
    al fin y al cabo, simple y sencillo
    miedo,
        que se disfraza de insomnio y cobardía,
        de alcohol e hipocrecía,
            de valentía,
        miedo
        de aceptar,
    de ver el tiempo volar,
    de nunca olvidar,
solitarias noches vacías,
    de pensamientos y caricias frías,
    de sueños y epifanías,
        sueños negros e ilusiones,
        miedo
            basado en suposiciones,
        tonos grises sin demás colores,
        todos sentimos
    miedo,
    distintos motivos y distintos tiempos,
    y el mio es a sentir
lo que no siento.

Limbo

¿Realidad o fantasía?
Hallar tu presencia inconsciente cada día,
¿Será realidad o fantasía?

A veces vienes como una espiral nocturna,
dejándome submerso y sumiso,
a veces te vas de improvisto,
dejándome con una latente ilusión diurna.

¿Serás realidad o fantasía?
Provocando un vendaval de novelas y poesías,
¿Tendrás realidad o fantasía?

Te dibujo como un reflejo de mis temores,
te añoro como un escape de mis prisiones,
te veo como un recuerdo de mis ilusiones,
te siento como un destello de mis pasiones.

¿Imagino realidad o fantasía?
Dejar al azar lo del azar,
despertar de verdad,
y quitarme la ansiedad,
¿Realidad o fantasía?

Memoria

– ¿Qué es lo que recuerdas más?–
– Su olvido.–

El azar banal. Plan: abrázale*

–¿Hacia dónde joven?– Me preguntó el taxista cuando estábamos sentándonos en el asiento de atrás.

–Para la universidad por favor– respondí.

La verdad, nunca pensé que ella fuera a aceptar. La había conocido un par de semanas atrás mientras estudiaba en la biblioteca, y hasta hace unos días, supe que trabajaba a dos cuadras de la oficina. Los azares del destino que le llaman.

Esa mañana, tenía reunión de profesores en la universidad. Cada fin de mes, el departamento de Lenguas Extranjeras hace una reunión con todos los profesores y auxiliares para evaluar el desempeño de los alumnos en los diferentes niveles. Justo era a la hora del almuerzo, y en un arranque de locura, decidí pedirle si me acompañaba. Contrario a todo pronóstico, aceptó, y allí nos encontrábamos los dos, en el taxi, de camino a la U.

Ella llevaba sus libros de economía bajo el brazo para poder estudiar mientras yo entraba a la reunión. Igual, no duraría mas de 45 minutos. Generalmente en esas reuniones todos dicen que se han cumplido los objetivos, y nada más. Debió haber ido tan nerviosa como yo. Durante todo el trayecto no cruzamos palabra, y se aferraba fuertemente a sus libros. De vez en cuando notaba como me veía de reojo, y yo, por el otro lado, intentaba disimular el sudor de mis manos. Fueron los 15 minutos más largos que he pasado en mucho tiempo.

Cuando llegamos fuimos a comer a la cafetería. Ella se quedaría estudiando allí mientras yo iba luego a mi reunión. Ese era el plan. Pero no fue así. Los azares del destino que le dicen.

Comenzamos hablando de Borges y de Benedetti, de música y de religión, y de mil cosas más. Sin embargo, el clímax de la conversación fue cuándo hablamos sin hablar. Me miró fijamente a los ojos, con una calidez tal, que me tocó el alma como nunca nadie lo había hecho. Fueron los 15 segundos más cortos que he pasado en mucho tiempo.

La tomé de la mano y nos fuimos a caminar. Quien diga que para conversar hay que ser un culto orador es por que no ha hablado con el corazón. Cruzamos tan solo un par de palabras, sin embargo, conversamos tanto que ella llegó a conocerme de verdad.

–*¿No tenés que ir a tu reunión?*– Me quedé pensando por un rato. Sabía que de una regañada no pasaría.

–*Hoy no. Hoy no me importa nada. Hoy solo quiero estar contigo.*–

Me apretó un poco más fuerte la mano y seguimos caminando. Por primera vez en mucho tiempo me sentí libre de hablar, de ser como soy. Creo que ella sintió algo parecido. Comenzó a contarme de su infancia, y yo comencé a enamorarme de sus ojos café. No sé si habrá notado la atención con la que la veía, solo sé que para mí no había nada más en este mundo que no fuera ella.

Una alarma en mi celular me trajo de vuelta a la realidad. Ya habían pasado dos horas y era tiempo de regresar a la oficina. Llamé un taxi de regreso y fuimos a la salida de la U para esperarlo. La tomé de los hombros y luego la abracé. De acuerdo al plan fortuito, sin ninguna estrategia ni preludio, solo la abracé.

Nos quedamos esperando al taxi. Ella tomó sus libros y yo crucé los brazos para no mostrar mi nerviosismo. No cruzamos mayor palabra, no sé si por la emoción o para no quitarle lo mágico a ese momento.

Ahora tenía que inventarme alguna buena excusa por ausentarme de la reunión. Lo bueno era que mi auxiliar había llegado, o al menos eso esperaba yo. En un abrir y cerrar de ojos se había pasado la hora del almuerzo, y allí estábamos, esperando de vuelta al taxi.

La verdad, nunca pensé que ella fuera a aceptar. Nos habíamos reunido tan solo un par de veces antes de eso. Tan solo a comer en una cafetería donde los dos íbamos desde antes de conocernos. Los azares del destino que le llaman.

–*¿Hacia dónde joven?*– Me preguntó el taxista cuando estábamos sentándonos en el asiento de atrás.

–*Para "El Editorial" por favor*– respondí.

Scherzo

s.

Parte vigorosa de una composición. Vivaz, y rápida, de carácter juguetón; broma o chiste durante un trote.

Positivo negativo*

–Bonjour...–
–... ¡Ah!... Bonjour, ça va?–
– Ça va bien, merci. Et toi?–
–... Ehm... Très bien ... Que c'est que.... tu faire..... ici?–
–Que c'est que tu fais ici. Hace mucho tiempo, ¿no?–
–Sí. Aunque cuando lo recuerdo me parece que hubiera sido ayer.–
–Así me pasa a mi también. Me cuesta creer que ya pasó tanto tiempo.–
–¿Y tú? Nunca me esperé verte por aquí.–
–Ni yo tampoco. Cosas que uno no entiende.–
–¿Y cómo es eso?–
–Así de sencillo. Por tanto entender las cosas uno se olvida de que no lo puede entender todo. ¿Sabes quién es Escher?–
–¿El pintor Holandés?–
–Sí, ese mismo. Tiene muchas obras interesantes. Hay una que se llama Sky and Water, ¿la conoces?–
–Por nombre no. ¿Cómo es?–
–Es un dibujo en forma de diamante. Abajo está un pez y arriba un ave. La figura sube dibujando peces, y de repente, con los espacios vacíos entre los peces, se comienzan a formar aves, hasta llegar al punto más alto. –
–Suena interesante...–
–Es un ejemplo del uso del positivo y el negativo en una obra. El positivo es la figura principal y el negativo es el fondo. Sin embargo acá, Escher logra intercambiar el positivo y el negativo, siendo ahora, lo que antes era simplemente el fondo, el objeto principal de la obra. –
–¿Y por eso hay cosas que uno no entiende? Yo ahora no entiendo tu punto.–
–Verás. Uno cree entender mucho. Uno entiende las cosas y se vuelven el material principal de la obra, el positivo. Sin embargo, cada vez que hay un positivo se crea un negativo, que también aporta y le da sentido a la obra. Hay cosas que no entendemos

que también forman parte de la vida. De hecho, la obra completa es la amalgama del positivo y el negativo, el uno no es nada sin el otro.–

–Lo que entendemos no es nada sin lo que no entendemos.–

–¡Exacto! Y al revés también.–

–Entiendo. Nunca lo hubiera pensado así, pero tiene sentido.–

–Lo entiendes, ahora tiene que haber algo que no entiendas. Por ejemplo, el que yo esté acá. Yo no lo entiendo.–

–Me parece, Tal vez no haya que entenderlo, solo aceptarlo.–

–Sí, y es por eso que estoy aquí.–

Olvido

Un suspiro en la noche,
un reflejo escurridizo,
cuatro paredes y una ventana,
y afuera,
afuera parece que hay algo,
más silencio quizás,
que sea capaz,
de llenar con sonidos mi cabeza.

Mente en blanco,
refugio de recuerdos que no serán,
de planes que nunca fueron,
de presentes que no llegarán,
que se quedaron olvidados en el olvido,
sucumbiendo ante un pasado que no pasó,
habiendo finalizado en el principio,
y que nunca terminaron de comenzar.

Un tren que no llega,
un tren sin haber partido,
tal vez nunca lo hizo,
tal vez nunca lo quiso,
tal vez estuve esperando su llegada,
esperando,
en la estación equivocada,
y tal vez de tanto verle partir,
no reparé al verle venir.

Un techo oscuro y cuatro paredes,
un vacío tan grande,
tan grande,
como el de allá afuera,
un tren se escucha en el olvido,
y de su sonido,

creo que acordarme no pueda.

Cuadrado Latino*

Oír el sonido de tu voz,
un universo solitario acompañado,
con cada verso de dos en dos,
es cómo el trinar de un canario,
apacible,
brillante,
armonioso,
cálido,
dulce.

Ver el resplandor de tu sonrisa,
que me hace soñar y me envía al cielo,
que me hace quererte despacio y sin prisa,
que convierte todo en un sueño,
brillante,
armonioso,
dulce,
apacible,
cálido.

Sentir el aroma de tu cabello,
que me hace quererte sin demora,
que me cautiva como la luna y su destello,
y me transporta con tu aroma,
armonioso,
dulce,
cálido,
brillante,
apacible.

Gustar el sabor de tus labios,
que me anestesian de la realidad,
implacables emisarios,
que suavemente destilan ese néctar,

cálido,
apacible,
brillante,
dulce,
armonioso.

Sentir el calor de tu piel,
que me hace sentir vivo,
que hace que todo encaje bien,
y me envuelve con un manto de lino,
dulce,
cálido,
apacible,
armonioso,
brillante.

Quiero sentirte,
con mis oídos y mis ojos,
con mi nariz y mi boca,
con toda mi piel,
sentirte sin sentido,
sentirte sin sentirlo,
pero sobre todo quiero,
sentirte conmigo,
sentirte por dentro,
sin motivo ni razón,
tan solo quiero sentirte,
despacio y muy lento,
sentirte,
con el corazón.

Gerundio

Definirse para ser definido
Reflejarse para ser aceptado
Sentirse

Buscarse por encontrarse
No es más que huirse
Sería mejor rendirse
Encontrarse
En el fin y al fin
Encontrarse

Navegar en lo profundo del ser
Emerger en el otro a la vez
Huir solitariamente
Afianzarse acompañadamente
Si al conocerse se pierde el saber
Se termina por desconocer
Lo vivido
Lo conocido

¿Definirse o encontrarse?
¿Adaptarse o acostumbrarse?
Librarse para amarrarse

Definir sin ser definido
Elegir sin ser elegido
Ser verbo sin ser participio
Predicado de un sujeto tácito
La contradicción más absurda
La ironía más compleja y astuta
Y absurda
Tan absurda
Que se vuelve apática

En contra de la teoría
Y simplemente
Se vuelve la práctica

Regresar

Que difícil es a veces respirar,
despertar un día y mirar atrás
anhelar los recuerdos,
palpar aquellos viejos sueños,
y mirar atrás.

Dejar las calles y avenidas,
la infancia y las costumbres aprendidas,
el bullicio intermitente,
tu cuadra, tu gente,
y aquello que llaman identidad.

Irte lejos de ese tiempo,
de las tardes que transcurrían lento,
de las ansias,
de la infancia,
de la inocencia que tenías dentro.

Que triste es partir,
de aquel amor que te vio reír,
que te consolaba,
que simplemente te amaba,
que con tus primeras voces hiciste sonreír.

Que difícil es a veces esperar,
sin saber del destino el lugar,
ni del tiempo el momento,
ni de la persona el sentimiento,
tan solo quiero sentir el viento,
recuperar el aliento,
y tan solo espero,
algún día poder regresar.

Presente

¿Y si hubiera sido ayer?
que la brisa del mar se posó en tu mirada,
la impregnó de atardeceres,
con suaves pinceladas,
y la llenó de cielos y de luna llena,
tan serena,
tan austera,
tan firme y delicada,
tan sonriente y elocuente,
que me hicieron entonces desear volver a verte.

¿Y si fuera quizás mañana?
que una flor te atraerá la mirada,
con bocetos de amaneceres,
a una sola pincelada,
y la danza del sol y de la luna llena,
tan serena,
tan austera,
tan sonriente y delicada,
tan firme y elocuente,
que me harán entonces desear volver a verte.

¿Y si habría de ser hoy?
que las estrellas deslumbran tu mirada,
en la acuarela del cielo,
encontrando su pincelada,
y tu sonrisa compite con la luna llena,
tan serena,
tan austera,
tan delicada,
tan elocuente,
que me hacen desde ya desear volver a verte.

Tu mirada no conoce ni pasado ni futuro,

se conjuga con la luna y su claroscuro,
tan audaz,
tan decente,
tan veraz y resplandeciente,
que en un instante me asalta,
me mira y me miente,
evadiendo al tiempo,
amarrándolo a muerte,
porque contigo,
contigo solamente existe el presente.

Poesía

Poesía es tomar dos palabras tiradas al viento
adornarlas de púrpura y envolverlas en su canto,
pintarlas con la suave seda de las flores de tu mano,
teñirlas en la blanca fragancia de los montes más altos,
desgranarlas con el silencio que arrebata el llanto,
extenderlas hacia el cielo por las baldosas del campo,
y liberarlas así en un suspiro entrecortado,
para darle vida al sonido de un simple te quiero.

Eco*

Eco,

como pasado presente,

seco,

un golpe inminente,

como pasado presente,

canción ausente,

que se repite,

y se repite,

y se repite,

como un eco en mi mente,

inminente,

y se repite sin verte,

como un eco inminente,

eco,

de tu sonrisa entre la gente,

eco,

de tu pasado en mi mente,

seco,

como tus palabras al verte,

eco,

y eco,

y eco de verte,

de tenerte,

en un instante detenerte,

eco entre la gente,

de mi pasado sin presente,

eco,

y eso,

y eso,

tu sonrisa en mi mente,

eco,

eco inminente,

tan solo eso,

fue solo eso,

y eso,

fue solo un eco en mi mente.

Meta

Versos inertes
Letra muerta
Prosa que desfallece
Heridas abiertas

¿Para qué escribir?
¿Acaso no es más sencillo mentir?

Palabras vacías
Sin forma
Sin salida
La estampilla del tiempo es su mejor guarida

¿Qué es un poema sin aliento?
¿Acaso no es solo palabras al viento?

La forma y estilo
El estambre y el pistilo,
La idea
El sentimiento
Las sílabas del cuento

Sin semilla no hay prosa
Sin malicia no hay caricias de color rosa
Los versos no son suficientes
Y las palabras
No son son dueñas de su propia corriente.

$$C_5{}^*$$

1. Sintiendo
A. El aspaviento del suelo
B. Recordando el suave deseo
C. Destello
D. Fugaz resplandor

A. inspiración
B. disidente seducción
C. contrapunto de ilusión
D. alucinación
1. tenue y sagaz espectador

B. ávido oyente
C. sórdido actor del presente
D. muestra de un pasado breve
1. inerte
A. anhelado cantor

C. implacable canción
D. enemigo a traición
1. efímera melodía de evocación
A. culminación
B. enajenado autor

D. yendo
1. tan solo yendo
A. como recordando un cuento
B. desierto
C. pérfido valor.

El poeta

El poeta,
se clava en la ensenada,
disfrazando con la cara,
su más profundo sentir,
cabizbajo,
regresa a su morada,
palabras como nada,
y comienza a escribir:

"Sueños,
brotan del corazón,
sueños,
testigos del amor,
sueños,
atrapan mi canción,
sueños,
invaden mi ilusión,
sueños,
soñando solo sueños,
nadie es dueño de ellos,
más que mi propio dolor,
sueños,
soñando sus destellos,
atrapado solo en ellos,
vivo con emoción."

Meditando,
repasa la receta,
avienta la carpeta,
echándose a reír,
¿hasta cuándo?
tendrá la valentía,
de que al final un día,
comience a vivir,

 alejado,
de tanta fantasía,
de tanta tontería,
y tan solo comience,
comience a vivir.

Venganza furtiva

Reconocimiento inmediato de esa fría mirada. Pupilas dilatadas, expresión opaca, y alma de hielo. La misma con la que me había estado enfrentando todos los días frente al espejo por los últimos cinco años. Decidida y fría. Directa.

Sin las acciones protocolarias del caso, se inició la silenciosa conversación. Cual reunión de ex convictos, se protegía al máximo toda información clasificada, y se procedía a un tácito conocimiento de los acontecimientos ajenos. Dios los hace y ellos se juntan, versa un proverbio popular.

De una cierta manera, el anonimato mantenido brindaba una superflua protección. Sonrisas dibujadas a medias con ligeros toques de cinismo. Roces furtivos e indirectas a discreción. Desde ambas partes se buscaba solo eso, una venganza. Mejor dicho, una venganza más. Premeditación, ventaja, y alevosía eran esperadas de ambas partes. No hay nada más descarado que ser presa voluntaria. Si es posible el ser víctima de a dos, ¿por qué no victimario en pareja? Se trataba de un juego con información perfecta disfrazada de misterio. Perfecto cuadro para una venganza por partida doble. Mejor dicho, para una venganza más.

El crimen perfecto no es aquel en el que no se descubre al criminal, sino en el que no se precisa descubrirlo.

Con profesional actuar es borrada la escena del crimen. Rastros de pintalabios y rasguños son removidos con precisión quirúrgica. Los atuendos impecables. Los testigos mantenidos en el anonimato. La gente no se percata del hecho delictivo. Los autores originales de esta cadena de hechos no se dan por enterados. Todo se ejecuta con total discreción. La venganza se consuma de nuevo, ahora, por partida doble.

Sonrisas dibujadas a medias con abundantes toques de cinismo. En ausencia de jurado pesquisidor, una absolución mutua deja a ambas partes en libertad bajo fianza. El cargar con la secretividad de su proceder es el precio estipulado.

Una despedida silenciosa concluye el móvil nocturno, privando a las partes de segundas audiencias, y tan solo dejándolas a la deriva en busca de otra venganza furtiva.

Finale

s.

Última parte de una composición. Parte concluyente, proveyendo resolución; dramático y emocionante.

Ojos verdes

–¿Completa o descremada?–
–...Com...pleta por favor...– respondí tratando de reincorporarme. Por alguna razón había volteado a ver justamente cuándo sus ojos verdes se estaban clavando en mí desde la entrada de aquel pequeño café. Como pude disimulé y volví a hablarle a la cajera
–¿Puede hacerlo seco por favor?–
–Con mucho gusto– respondió. Creí que solo yo me había percatado de ese minúsculo momento de lapsus mental. Tomé mi capuccino y procedí a sentarme en uno de los cómodos sillones del lugar.

Me disponía a leer el periódico cuándo alcé el rostro como por instinto, y de nuevo, me encontré con su mirada. La verdad, no sé si adrede se habría sentado en unos de los sillones de enfrente, o si simplemente fue una jugada más del destino. Quizá simplemente estoy pensando de más como siempre. Traté de disimular de nuevo, aunque no pude quitarme esa sensación de estar al descubierto.

Traté de enfocarme en las noticias del día, la verdad no sé por qué me había conmocionado tanto, fue como si en ese instante hubiera clavado sus ojos dentro de mi alma, como si ya nos hubiéramos conocido desde una vida remota y casi olvidada.

Volví a ver hacía dónde estaba, como viendo a la gente pasar nada más, y de nuevo cruzamos miradas. Esta vez estaba hablando con alguien, sin embargo, mantuvimos fija la mirada por un par de segundos, como sosteniendo una conversación silenciosa, y a la misma vez, profunda.

–Olvidó su cambio– me dijo la cajera sacándome de un trance repentino, y cuando volteé a ver, esos ojos verdes ya no estaban allí. Se habían marchado ya, junto con un pedazo de mí.

Más que el amor

Palabra corta,
fugaz,
inocente y trascendente,
importante y recurrente,
desesperante,
motivante y sonriente,
amalgama de cuatro letras y dos personas.

Amor,
¿qué es el amor?
el amor es más que divorciarse de la soledad,
más que jugarle la vuelta al silencio,
es más que una compañía,
más que un futuro pretérito,
es más que un paradigma,
más que escaparse de uno mismo,
es más que una charla en la noche,
más que una estancia vacía.

Amor,
es más que tu sonrisa acechante,
más que tus ojos invadiendo mi alma,
más que tu nombre a cada instante,
más que tu vestido azul radiante,
más que la catarsis de tu presencia,
más que el tiempo que te llevás con tu ausencia,
más que encontrarte perfecta,
es más que tu reflejo en mi cabeza.

¿Qué es el amor?
es más que mi voz en el teléfono,
más que mis deseos,
es más que mis palabras y mis gestos,
más que mis miedos,

es más que mis noches sin sueño,
más que mis nervios,
es más que mi incansable deseo,
más que mi recuerdo.

¿Qué es el amor?
es más que la emoción,
es más que el sentimiento,
es más que la lógica y la razón,
es más que la convicción,
es más que la atracción,
más que la seducción.

Amor
¿qué es el amor?
es más que ser correspondido,
porque el amor no se corresponde,
es más que compartir,
porque el amor no se comparte.

Pero el amor,
¿qué es el amor?
Si algún día te decidís,
tal vez,
tal vez juntos,
lo podríamos descubrir.

Gris

Una imagen borrosa en la lejanía,
se desdibuja su contorno,
me llama,
me mira,
y de repente,
de repente se desvanece
¿habrá sido tan solo un sueño?
¿una epifanía?
un portazo me reincorpora,
me arranca de un lugar tan lejano,
tan sórdido,
tan extraño,
tan ajeno,
que ya lo siento como mío.

Mis ojos se enmudecen,
se ciega mi boca,
la bruma y el viento me ensordecen,
la claridad es tan poca,
tan poca y tan borrosa,
la puerta
¿se abrió o se cerró?
indistinta,
confusa,
profusa,
persecución fugitiva y cautiva,
un portazo me reincorpora,
y de repente,
de repente ya no hay nada,
la eternidad se esfuma en un instante,
y todo se hace nada.

La puerta se cerró
pero,

¿será que se abrió?

Abrir ó cerrar
Seguir ó parar
Esperar ó luchar
Iniciar ó terminar
Dilucidar
Dilema antagonista
Solitario protagonista

Dicotomía intrínseca
¿Dicotomía furtiva?
pero,
¿dicotomía?
Dicotomía subjetiva
Aprensiva
Hipocondríaca
¿Dicotomía?
Dicotomía,
y al final,
existe el gris.

Ligero

Hoy solo quiero dejar mis valijas,
cerrar los ojos y olvidarme de ellas,
hoy solo quiero imaginar las veredas,
navegar los pastos y recorrer las praderas.

Hoy solo quiero olvidar mis valijas,
hacerlas a un lado y recostarme en la arena,
respirar profundo y contemplar las estrellas,
oír el murmullo de la luna y su acuarela.

Hoy solo quiero tirar mis valijas,
abrir los brazos y esbozar una estela,
quedarme varado en mi barco sin vela,
quedarme varado pensando en ella.

Algo de ti

De ti hoy solo quiero una mirada,
no tus ropas frías ni tus sueños en la almohada,
no un amanecer ni un claroscuro en la sábana,
hoy de ti solo quiero una mirada,
y besarte con los ojos,
desnudarte el alma,
atrapar tus cerrojos,
y fundirme en tu mirada.

Solo quiero una mirada,
para conocerte por dentro,
para conocerte como si nada,
así como conozco al viento,
quiero solamente una mirada.

Hoy quiero una mirada,
que me deje como hoja al viento,
que no me haga esperar nada,
como quitándole el reloj al tiempo,
quiero hoy una mirada.

Para ver que siento,
para seguir viviendo,
para atrapar mis miedos,
para caminar más lento.

Y así tener un poco de ti,
solo quiero una mirada,
que me dure hasta la soledad,
y que me enamore hasta la eternidad.

Corazón

¿Dónde se halla el sentimiento?

¿En el cerebro?
¿Con sus ideas y recovecos,
con sus historias y cuentos,
con sus ilusiones y sueños,
con sus recuerdos?

¿En el pecho?
¿Con su palpitar inesperado,
con sus punzadas intensas?

¿En los huesos?
¿Con sus temblores venideros,
con su debilidad repentina?

¿En el vientre?
¿Con sus mariposas certeras,
con sus golpes de vista,
con sus vacíos nocturnos,
con sus dolores sin pista?

¿Dónde se halla el sentimiento?
¿Dónde está dicho encanto?
La respuesta al acertijo,
está en la palma de tu mano.

Tempo

Era una noche fría. Todo el día había estado trabajando en una nueva aplicación de ecuaciones diferenciales estocásticas al modelado de sistemas de oferta-demanda en pequeñas empresas. Esos matemáticos de Rutgers por fin habían podido convencerme de que las matemáticas en la economía eran mucho más que el equilibrio de Nash.

Salí de mi oficina al rededor de las once de la noche. Era una noche fría. Ese día había decidido no llevar mi bicicleta a la universidad, dándome una oportunidad de escapar de la rutina y disfrutar de una pequeña caminata a casa, a solas. Salí de E. Brown Hall y la universidad estaba desierta. Incluso la biblioteca albergaba solamente a una decena de alumnos, cosa que no era de extrañar, puesto que no era época de exámenes y por que supongo que la mayoría de la gente normal utiliza la noche de un martes para cosas de índole un poco diferente a la mía.

Comenzaba a lloviznar, y por un instante, reproché mi huida de la rutina. El campus era grande y solamente veía caminar a lo lejos a una parejita de estudiantes, probablemente de primer año, que se paseaban por los jardines de la escuela de arte.

Inadvertidamente me sumergí profundamente en mis pensamientos hasta que una suave y dulce melodía me trajo de vuelta a la realidad. Pensé por un momento que se trataba del reproductor de música de uno de los tantos trotadores nocturnos, sin embargo, yo era el único que pasaba frente al JC Howard Music Hall en ese momento. Trate como pude de seguir la dirección de dónde provenía la melodía, y al cabo de unos instantes de dirigir mis pasos a prueba y error, logré descubrir que el sonido provenía de una puerta entre abierta que se encontraba a un costado de la entrada para recitales de piano. Me acerqué a la puerta y la melodía se esclarecía poco a poco. Era la sonata en do menor opus 13 de Beethoven, "La Patética". Entré al edificio impulsado más por la curiosidad de saber quién practicaba a esas horas de la noche. A través de la ventanita de la puerta del salón de recitales se dibujaba su silueta, era una mezcla mágica de movimientos y sonidos, una coreografía suave y delicada que firmaba con sonidos cada uno de los suaves matices de esa bailarina de partituras.

Me deslicé dentro del pequeño salón sin hacer mucho ruido. Estaba completamente vacío. Al parecer ella no advirtió mi profanación de aquel pequeño santuario musical. Una pequeña luz iluminaba su sitio en el escenario y lo demás estaba en tinieblas, como dando a entender tácitamente que en ese salón, lo único que existía, era esa amalgama del artista y su instrumento, donde nada mas importaba, donde nada mas era importante.

Dicen que hay que bailar como si nadie te mirara y definitivamente esto se aplicaba también acá. Unos instantes me bastaron para convencerme de que el mejor concierto era aquel que se tocaba para nadie. La magia que salía de esa escena era hipnotizante, confundiéndome a veces donde terminaba ella y donde comenzaba el piano. La música transmitía un cierto aire de libertad, de sinceridad, de naturalidad. Era como ver a un espécimen en su hábitat natural. Sin presiones ni ataduras. Los repetidos compases luego de alcanzar una nota errónea le añadían un ligero pincelazo de realidad a dicha actuación celestial.

Definitivamente, hay que interpretar como si nadie te eschucara. Ver ese cuadro sonoro me llevó a pensar mucho, y a la misma vez, pensar en nada. Me sedujo a saborear una por una aquellas notas que profería ese monstruo mitad madera mitad carne y hueso. Digerirlas una a la vez. Concentrarme en ellas y solo en ellas. Me hicieron olvidar todo lo demás, puesto que no había algo mas que ellas. En ese momento, el mundo había dejado de existir, y todo lo que era, era solamente ellas. No había nada. No había nadie. No había hubo ni habrá, solamente había ellas. Fue entonces que el tiempo se detuvo, dejó de existir, y solamente allí cobró sentido. Dejó de existir y tuvo sentido.

Fue entonces que comprendí lo que era el tiempo.

Humanos

Tan curiosos los simples humanos,
simplemente viven,
simplemente corren,
mueren y caminan,
complicadamente.

Todo lo controlan,
todo lo corrigen,
todo lo meditan y dirigen,
tan curiosos los simples humanos,
nada meditan ni dirigen,
nada lo corrigen,
nada controlan.

Tan ilusos los simples humanos,
manejando la vida,
postergando las partidas,
improvisando y adelantando,
precipitadamente.

Luchando entre mente y corazón,
el instinto y la razón,
pensando,
analizando,
sujetos en una eterna contradicción,
sintiendo,
respondiendo,
sujetos de su propia condición,
tan ingenuos los simples humanos,
soñando planes,
siguiendo impulsos,
y tan solo siendo reclusos,
de una simple ilusión.

También

Hay amores de esos,
de esos clandestinos,
callados,
sin nombre y sin voz,
de caricias,
de gestos,
de dos noches,
de pasión.

Hay amores de esos,
de esos privados,
personales,
con nombre y con voz,
de pensamientos,
de sueños,
de día,
de ilusión.

Hay amores de esos,
que se piensan,
que se sienten,
de los que se desean,
de los que se arrepienten,
hay de esos amores que simplemente aparecen,
de esos que ilusionan,
de esos que apasionan,
de los que se viven y de los que se anhelan.

Hay de esos amores,
y también,
también estás tú.

Unísono

La razón,
todo lo piensa,
todo lo sabe,
nada espera,
y todo lo hace.

El sentimiento,
todo lo pasa
todo lo siente,
nada repara,
y todo complace.

Cuerpo, alma, y espíritu,
el alma piensa,
anhela,
sueña y se desvela,
el espíritu siente,
desea,
sufre y crea.

El alma desea el futuro,
el espíritu recuerda el pasado.

El cuerpo materializa el tiempo,
el pasado y el futuro a un mismo encuentro,
convierte en presente lo que fue y lo que será,
en lo que se fue y lo que vendrá.

Sin tiempo no hay razón ni sentimiento,
no hay anhelo ni recuerdo,
no hay firmamento.

En el cuerpo se amalgama el tiempo,

se funden la razón y el sentimiento,
lo calculador y lo carnal,
lo preciso y lo pasional,
la lógica,
la razón,
la emoción y el corazón.

¿Acaso no se siente lo que se piensa ni se piensa lo que
se siente?

Aquello que se piensa se piensa porque se siente,
así es como todo empieza,
tan solo se siente,
la lógica empaca el sentimiento con razones,
y al final,
no hay mejor razón que la que no se entiende.

Aquello que se siente se siente porque se piensa,
así es como todo persiste,
tan solo se piensa,
la emoción adorna el pensamiento con sensaciones,
y al final,
no hay mejor emoción que la que persiste.

Argumentaciones,
sentimientos,
no hay mayor distinción,
el ser humano busca justificar sus sentimientos,
busca sentir su razonamiento,
busca reconocer su condición,
busca conciliarse adentro,
sin saber que es solo una y no dos.

Canción

La razón y el corazón,
antagónicos entes,
fuertes y valientes,
enemigos a muerte.

La razón,
tan precavida y minuciosa,
tan calculadora,
tan ansiosa.

El corazón,
tan impulsivo y valiente,
tan conflictivo,
tan ferviente.

El humano es el campo de batalla,
a veces como espectador inerte,
como un público más,
como un oyente,
a veces como actor,
implacable,
hacedor,
lider del batallón,
dirigente,
que elige el bando ganador,
para nada mas al final,
pertenecer al perdedor.

No hay bando ganador,
ni bifurcación en el camino,
no hay destino
sin uno de los dos,
no hay nada de valor,
si el valor se obtiene juntos,

de la amalgamada conjunción,
de la sencilla conversación,
de la danza,
de la fusión,
de lo que los humanos llaman cooperación,
porque razón y corazón,
son tan solo instrumentos humanos,
que al utilizarse juntos,
interpretan de la vida,
una canción.

Compañía

Compañía,
todos buscamos compañía,
desde que la noche busca al día,
desde que el mar busca a la orilla,
desde siempre y para siempre,
todos buscamos compañía.

Aquella compañía de compartir,
aquella compañía de reír y reír,
aquella compañía de sufrir,
aquella compañía de seguir.

La compañía de las travesuras,
de la juventud y sus locuras,
de pasar largas horas a oscuras,
de planificar aventuras.

La compañía del sufrimiento,
de no entender el entendimiento,
de perder un sentimiento,
del arrepentimiento.

La compañía viene y va,
paga arriendo en un presente fugaz,
y de repente,
de repente se va.

La compañía existe al haber dos nomás,
dos ríos aleatorios sin origen ni final,
sin un cause,
sin un causal.

La compañía es un instinto primal,

tan planificada como un vendaval,
la compañía viene y va,
tan solo viene y se va.

La compañía se encuentra al caminar,
se acompaña si hay oportunidad,
pero es mejor un compañero sin dudar,
uno que no te acompañe,
sino uno que te ayude a caminar.

Elocuencia

Estaba allí, con esa mirada tan fría y austera, tan penetrante y frívola, como sabiendo todo, como escudriñando cada fuero más íntimo de mi ser. No recuerdo haber visto tal profundidad en los ojos de alguien desde hacía mucho tiempo, y sin embargo, allí estaba, clavando sus dilatadas pupilas en lo más profundo de mí. Hacía mucho tiempo que veía esos ojos a diario, mas nunca me vieron como esa vez, nunca con tal intensidad, con tanta claridad, con la convicción de quien lo sabe, de quien busca y encuentra, de quien comprende, de quien sabe.

Esa mañana inadvertidamente sus ojos me lo dijeron todo, lo sabía, finalmente lo sabía, y eso cambió por completo su mirar, su profundidad, su alcance, su respirar. Quizá siempre había estado allí, quizá fue esa precisa mañana, la verdad no lo sé, la verdad nunca lo sabré, solo sé que esa mañana estaba allí, ese brillo que solamente la luz del deseo puede encender, ese anhelo implacable que mueve tan solo a unos cuantos, que nace en todos pero solo arde en algunos. Y allí, justo frente a mí, ardía. Ardía tanto que me contagiaba, que me hacía desear arder también, me atraía. ¿Todo esto con solo una mirada? Quizá siempre lo supe pero jamás me di cuenta, tal vez siempre lo había visto pero nunca me había dado cuenta. No lo sé, la verdad nunca lo sabré, pero estaba allí.

Esa mañana estaba allí, justo frente al espejo. Esa mañana estaba yo.

Acerca del autor

Pedro Fernando Morales Almazán es originario de Guatemala y desde hace nueve años reside en Estados Unidos de Norte América. Actualmente trabaja como catedrático en el departamento de matemática de La Universidad de Texas en Austin.

Matemático de profesión y escritor apasionado, se interesa por escribir textos, tanto científicos como literarios. Además de la docencia y la investigación, participa activamente en actividades de divulgación científica y disfruta de la escritura. Aficionado a las artes, busca amalgamarlas con las matemáticas, que desde su punto de vista, buscan ambas expresar los más profundos sentimientos y pensamientos de la mente humana.

www.ingramcontent.com/pod-product-compliance
Lightning Source LLC
LaVergne TN
LVHW021540080426
835509LV00019B/2754